Table des matières

EBP HUBBIX

Comptabilité

Jean-pierre VILLATTE

Https://www.jean-pierre-villatte.com

HUBBIX : Comptabilité

Avant de commencer

- Qu'est ce que Hubbix comptabilité ?

Ce logiciel de **comptabilité en ligne**, **simple et intuitif**, vous permet de saisir simplement votre comptabilité de manière collaborative avec votre expert-comptable , de synchroniser vos opérations bancaires et de suivre votre trésorerie.:

☐ Saisi simplifiée,

☐ Trésorerie.

☐ TVA.

☐ Conformité avec la loi

☐ Tableau de bord.

Introduction

Création du compte sur l'application HUBBIX

Lorsque vous êtes sur le site d'EBP, il faut cliquer sur Connexion, sélectionnez " Mon espace Hubbix"

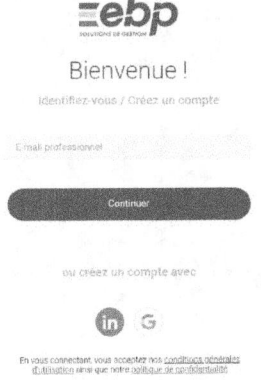

Pour une première connexion, créez votre compte, soit avec l'option link ou Google et indiquez votre mail et un mot de passe.

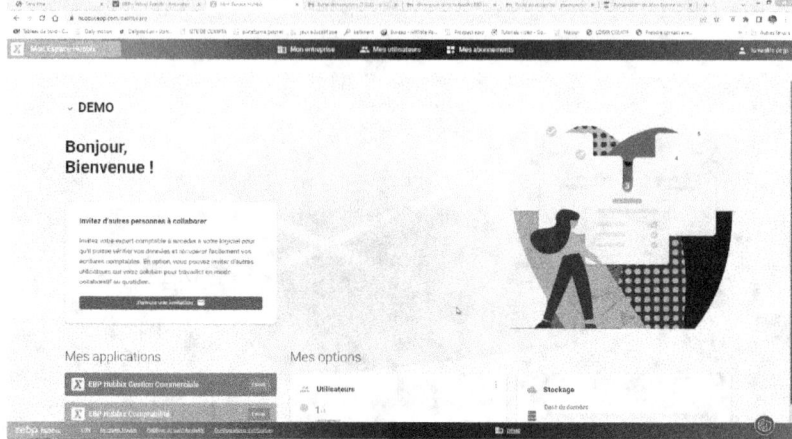

Un écran de bienvenue vous est proposé qui est commun à EBP HUBBIX Comptabilité et gestion commerciale

Renseignement mon entreprise

- Cliquez dans le menu horizontal " Mon entreprise"

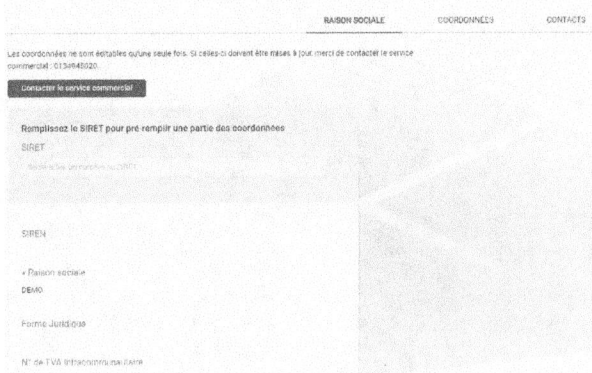

Nous allons renseigner 3 rubriques :

- Raison sociale
- Coordonnées
- Contact

Attention !

Pour la rubrique "Raison sociale" comme indiqué sur l'écran, vous pourrez renseigner manuellement toutes les informations demandées.

Par contre, en cas de modification, comme indiqué à l'écran, vous devrez contacter EBP pour saisir les modifications.

Pour la rubrique coordonnées, vous pouvez indiquer une adresse de siège social si elle est différente de l'adresse de la société, ainsi qu'une adresse de facturation, si elle est différente de l'adresse de la société, dans ce cas, cliquez sur l'option "**Ajouter une adresse de facturation"**.

Si l'adresse de la société est identique à l'adresse du siège social et de facturation, vous n'avez rien à saisir.

Pour la rubrique contact, vous pouvez renseigner le téléphone et le numéro de mobile en cliquant sur le ✎

Les utilisateurs

Par défaut, vous avez droit à un utilisateur et invitez un utilisateur comme votre expert comptable par exemple.

Pour un utilisateur supplémentaire, il faut contacter le service commercial d'EBP.

Nous allons voir comment rajouter l'utilisateur, "expert comptable."

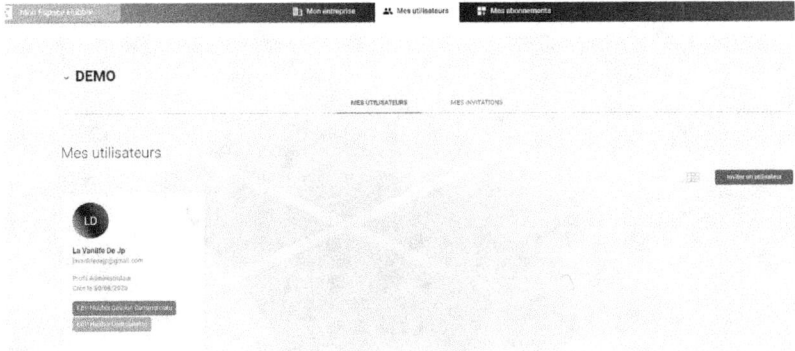

- Cliquez sur l'option " Inviter un utilisateur"

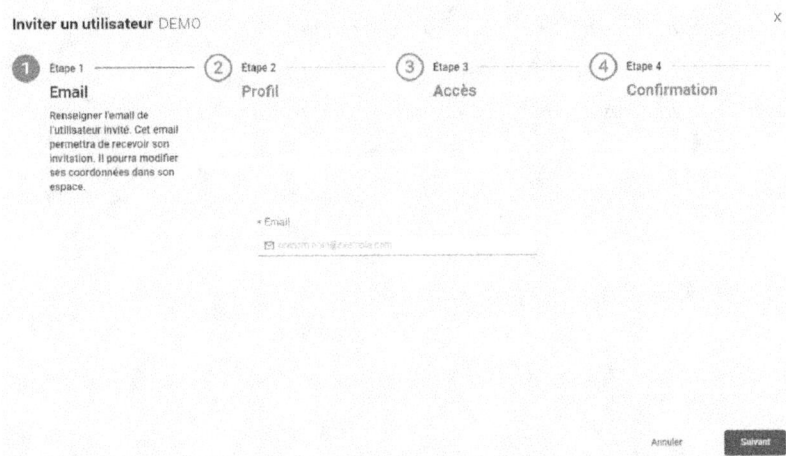

Vous allez être guidé par un assistant :

Étape 1 : Indiquez l'email de votre expert comptable et cliquez sur suivant.

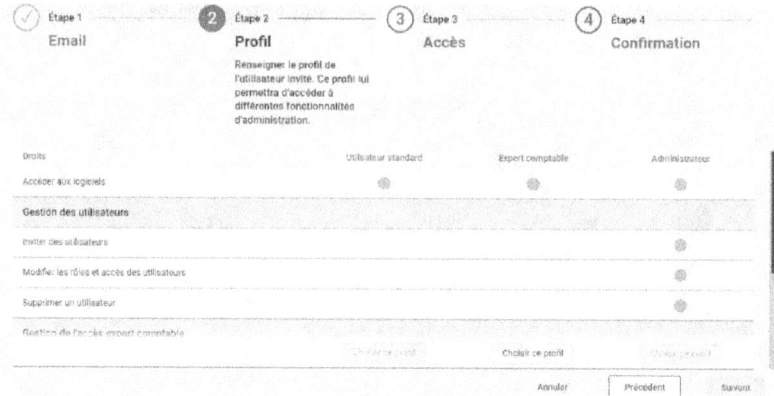

Etape 2 : Choix du profil

- Cliquez sur le bouton "Choisir ce profil" et suivant.

Etape 3 : Accès

- Activez l'option Hubbix comptabilité, pour que votre expert comptable ait accès à l'application et sur Hubbix Gestion commerciale si besoin et cliquez sur suivant.

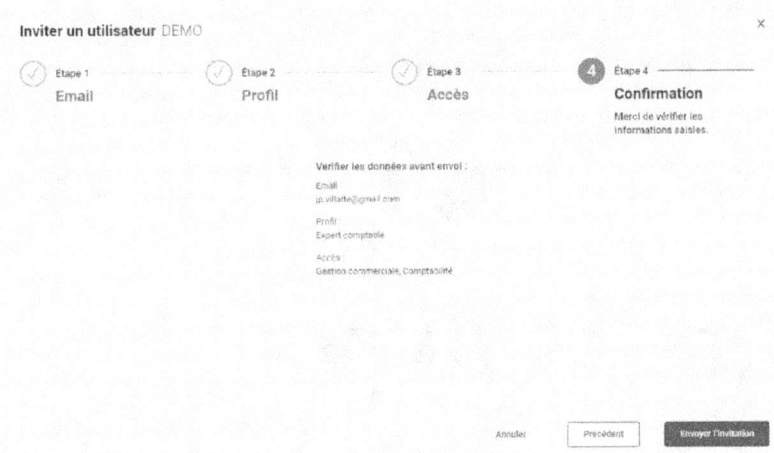

Etape 4 : Confirmation

- Cliquez sur "Envoyez l'invitation", vous allez recevoir un mail ou il faudra confirmer l'invitation pour que le compte soit créé.

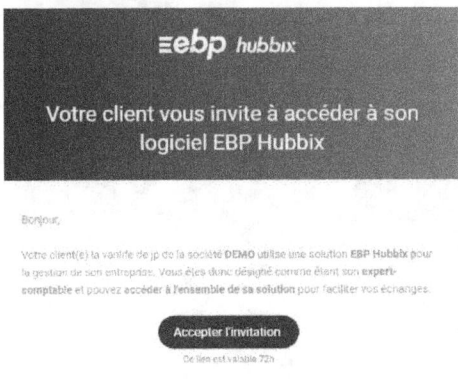

Votre expert est créé :

⌄ DEMO

MES UTILISATEURS   MES INVITATIONS

Mes utilisateurs

La Vanlife De Jp
lavanlifedejp@gmail.com

Profil Administrateur
Créé le 30/08/2023

EBP Hubbix Gestion Commerciale
EBP Hubbix Comptabilité

Jean Pierre Villatte
jp.villatte@gmail.com

Profil Expert comptable
Créé le 01/09/2023

EBP Hubbix Gestion Commerciale
EBP Hubbix Comptabilité

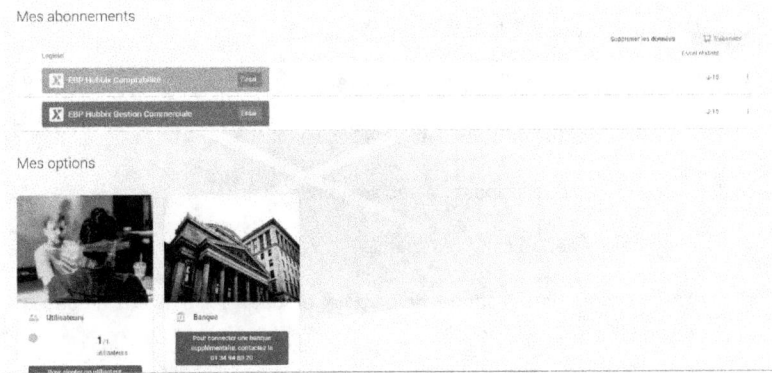

Sur le menu horizontal, cliquez sur l'option " Abonnement" pour choisir l'application Hubbix comptabilité pour vous abonner.

Si vous souhaitez souscrire, un utilisateur ou une banque supplémentaire, vous pouvez contacter le service commercial d'EBP.

Ergonomie

Lorsque vous lancez l'application HUBBIX Comptabilité, vous avez l'écran suivant

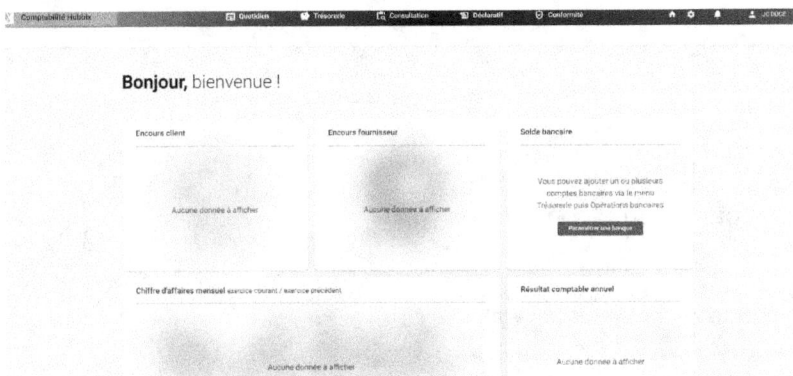

- Explication du menu horizontal :

13

- Quotidien permet de saisir les dépenses

- Trésorerie permet de d'importer les opération bancaires

- Consultation permet de consulter les écritures

- Déclaratif permet de préparer la déclaration de TVA

- Conformité permet de clôturer l'exercice

- Le bouton paramètre ⚙ permet de paramétrer toutes les données de bases avant de commencer la saisie.

Nous allons commencer par le chapitre " Paramètre"

Paramètres

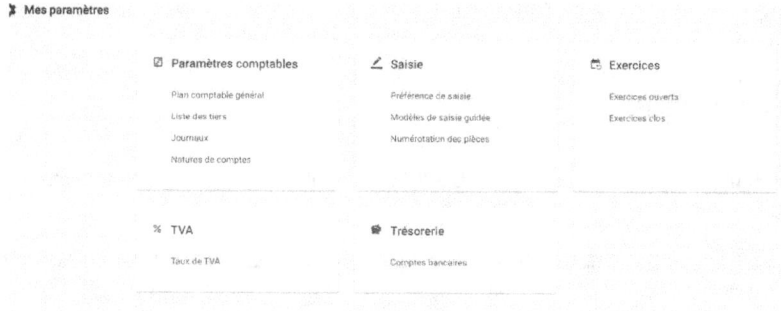

Les paramètres comptables

Le plan comptable général

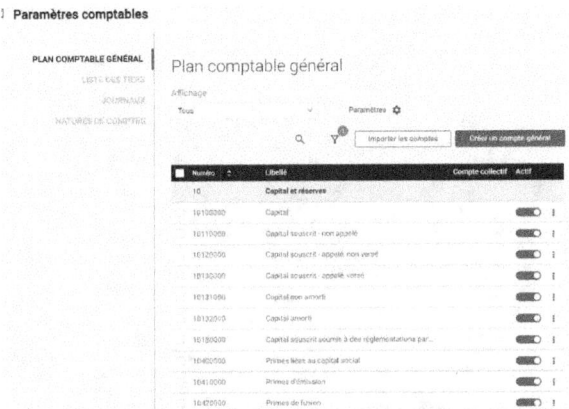

➢ Vous pouvez personnaliser votre plan comptable en cliquant sur le bouton " Créer un compte général" ou importer votre plan comptable, si vous avez déjà un plan comptable en cliquant sur l'option " importer les comptes".

➢ Vous pouvez paramétrer la longueur des comptes en cliquant sur l'option " Paramétrer"

- Importer les comptes

Un assistant vous est proposé pour associer les colonnes de fichier en csv avec les colonnes d'EBP;

- Création du plan comptable

Si vous êtes en création, vous pouvez créer vos propres comptes, si vous souhaitez personnaliser votre plan comptable.

Exemple : 626100 téléphone fixe orange

- Cliquez sur le bouton " créer un compte général"

Liste des tiers

En comptabilité, les tiers, signifient tous les comptes de la classe 4 (Client, fournisseurs, organismes sociaux, salariés) comme indiqué dans le menu déroulant.

Attention !

Si vous avez EBP HUBBIX gestion commerciale, il ne faut pas créer les clients dans EBP HUBBIX Comptabilité, ils se créent automatiquement lors du transfert comptable comme les comptes de produit.

Exemple : Création du fournisseur orange

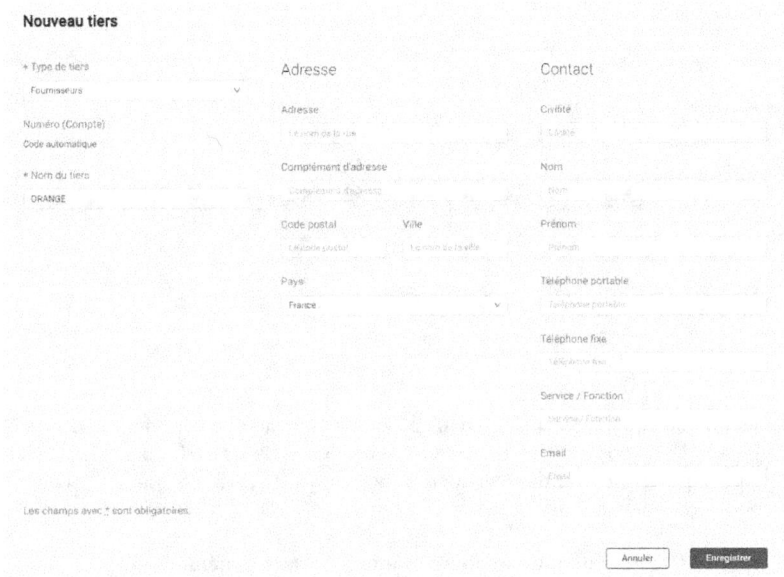

Nouveau tiers

* Type de tiers
Fournisseurs

Numéro (Compte)
Code automatique

* Nom du tiers
ORANGE

Adresse

Adresse
Le nom de la rue

Complément d'adresse
Complément d'adresse

Code postal   Ville
Le code postal   Le nom de la ville

Pays
France

Contact

Civilité
Civilité

Nom
Nom

Prénom
Prénom

Téléphone portable
Téléphone portable

Téléphone fixe
Téléphone fixe

Service / Fonction
Service / Fonction

Email
Email

Les champs avec * sont obligatoires.

Annuler   Enregistrer

- Dans la liste déroulante, sélectionnez fournisseur

- Dans la zone nom tiers, saisissez ORANGE

- Cliquez sur enregistrer

Votre compte fournisseur ORANGE est créé.

Les journaux

EBP propose des journaux, mais nous allons voir comment créer un second journal de trésorerie si vous avez deux banques et un journal de type OD pour saisir la TVA par exemple pour ne pas surchargé le journal "OD"de toutes les écritures d'opérations diverses.

Exemple : Création du journal de trésorerie " Société générale"

- Cliquez sur le bouton " Créer un journal"

☐ Saisissez les informations suivantes comme sur l'image ci-dessous.

☐ Code : SG

☐ Libellé : SOCIETE GENERALE

☐ Type : Trésorerie

☐ Numérotation des pièces : automatique

☐ Préfixe des numéros des pièces : MMAA

☐ Compte de contrepartie : 512200 (Vous pouvez le créer en même temps, si vous ne l'avez pas créé dans le plan comptable).

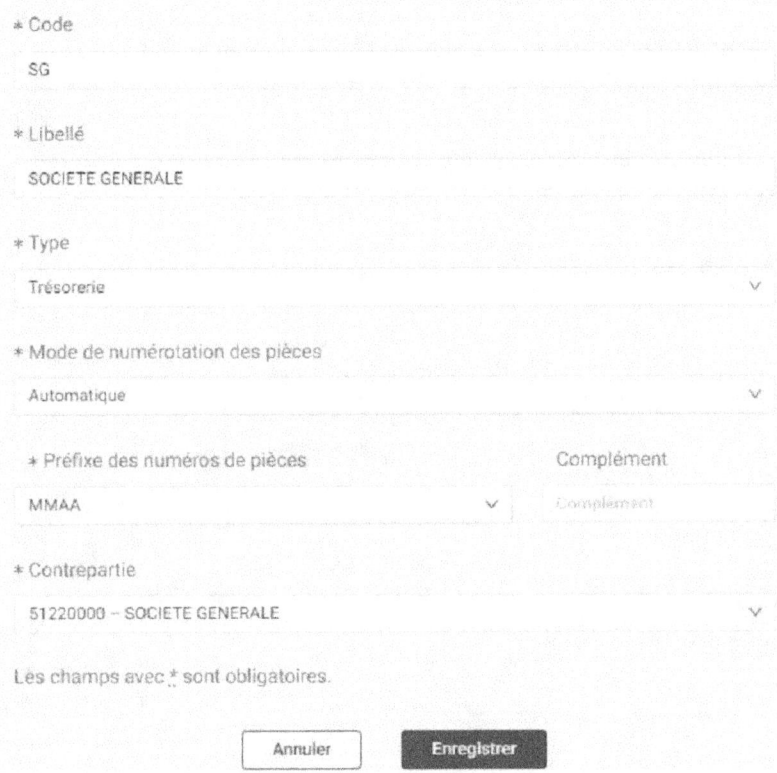

Nouveau Journal

* Code

SG

* Libellé

SOCIETE GENERALE

* Type

Trésorerie   ⌄

* Mode de numérotation des pièces

Automatique   ⌄

* Préfixe des numéros de pièces   Complément

MMAA   ⌄   Complément

* Contrepartie

51220000 – SOCIETE GENERALE   ⌄

Les champs avec * sont obligatoires.

[Annuler]   [Enregistrer]

Création du journal TVA (facultatif), si vous souhaitez isoler vos écritures d'OD

Nouveau Journal

* Code

TVA

* Libellé

TVA

* Type

Opérations diverses ⌄

* Mode de numérotation des pièces

Automatique ⌄

* Préfixe des numéros de pièces   Complément

MMAA ⌄   Complément

Les champs avec * sont obligatoires.

Annuler   Enregistrer

Les saisies

Les préférences de saisie

✎ **Saisie**

PRÉFÉRENCE DE SAISIE

MODÈLES DE SAISIE GUIDÉE

NUMÉROTATION DES PIÈCES

Préférence de saisie

Mode de saisie par défaut ⓘ

Provisoire ⌄

Journal à utiliser pour la génération des à nouveaux

AN – À Nouveaux ⌄

Sélectionnez mode de saisie par défaut : Provisoire

Vous pourrez modifiez vos écritures, si besoin, le statut "validation" est conseillé soit en fin d'année avant la clôture de l'exercice ou après avoir fait la TVA

Journal à utiliser pour génération des à-nouveaux

Laissez par défaut AN, ce journal se génère automatiquement après la clôture de l'exercice.

Les modèles de saisie

Vous pouvez saisir votre comptabilité grâce à des masques de saisie.

Nous allons prendre un exemple : Création d'un modèle de saisie **" Facture de téléphone ORANGE"**

- Cliquez sur le bouton " Créer un modèle"

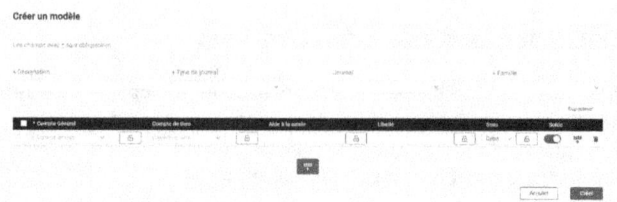

Indiquez les informations suivantes:

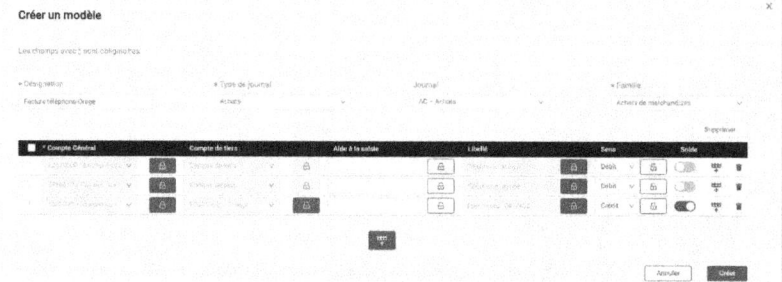

- Cliquez sur Créer, nous verrons dans le chapitre " Saisie" comment utiliser les modèles de saisie.

Numérotation des pièces

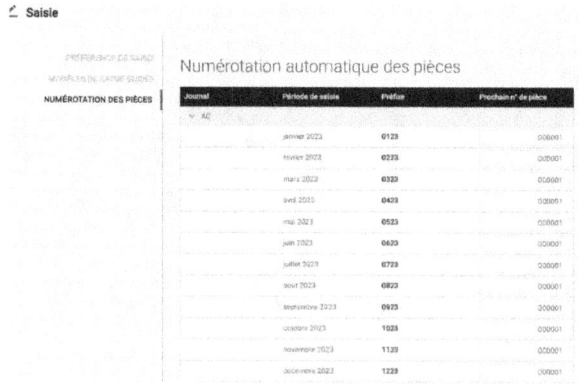

Vous pouvez pour chaque journal, choisir les numéros de pièce.

Exercice

Les exercices ouverts

Vous indiquerez les dates d'exercices souhaitées dans l'exercice courant.

Les dates dates d'exercice suivant sont générées automatiquement en fonction de l'exercice courant.

Nous verrons la génération des A-nouveaux lors du chapitre la "clôture de l'exercice"

Exercice clos

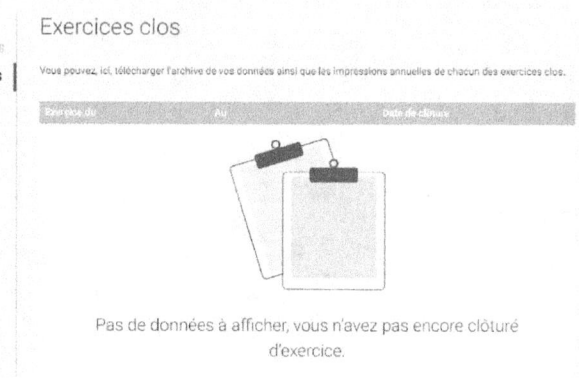

TVA

Les taux de TVA

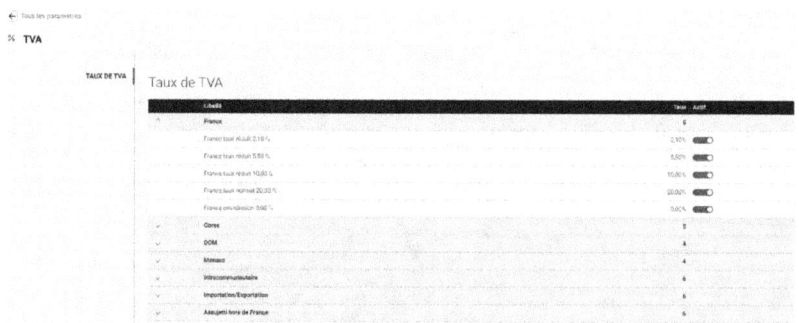

En fonction des taux de TVA que vous utilisez dans votre entreprise, désactivez les taux de TVA inutiles.

Trésorerie

Les comptes bancaires

Nous verrons uniquement l'option " Connecter votre banque" qui est l'intérêt d'utiliser EBP HUBBIX Comptabilité qui est une application connectée.

- Cliquez sur l'option **"Connecter une banque"**

- Cliquez sur le bouton **"Accepter"**

- Choisissez votre établissement bancaire dans la liste;

- Indiquez vos identifiants, votre compte bancaire est ensuite synchronisé.

Quotidien

Saisie des dépenses

Nous allons commencer par la "Saisie des dépenses"

- Cliquez sur le bouton " Créer une dépense"

Nous allons rester sur notre exemple : **" Facture téléphone orange"**

- Renseignez les informations ci-dessous, comme indiqué à l'écran. Vous pouvez même télécharger la facture.

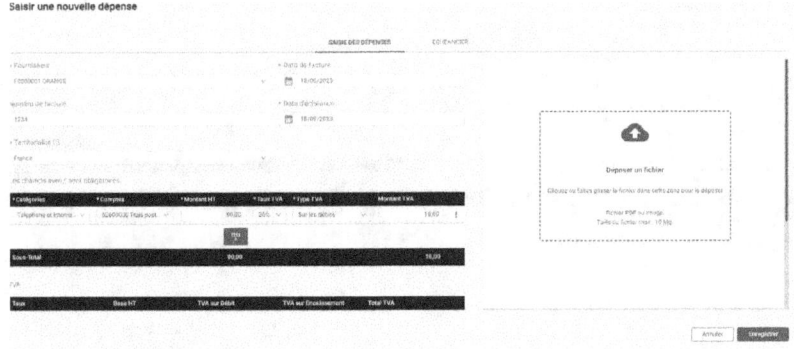

- Cliquez sur "Enregistrer"

Votre première dépense est créé :

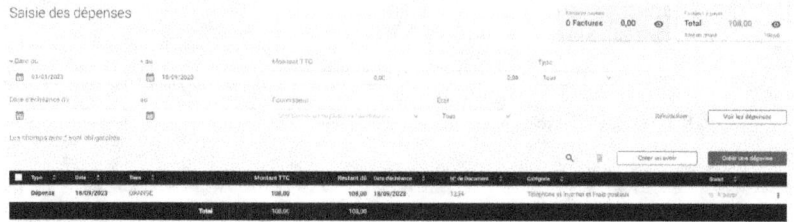

Saisie guidée

Nous allons utiliser le modèle que nous avons créé dans le menu (Paramètres - modèle de saisie)

Vous pouvez également créer vos modèles au moment de la saisie.

Dans le menu déroulant " Modèle", choisissez " Facture téléphone orange".

Exemple : Facture orange de 50 € HT

Votre masque de saisie apparaît, vous n'avez plus qu'à saisir le montant HT

Saisie par journal

La saisie journal est vraiment destiné aux utilisateurs qui sont familiarisés avec la comptabilité puisqu'il faut connaître les comptes comptables et les notions de débit crédit.

Vous pouvez saisir toute votre comptabilité par la saisie journal parce que vous avez accès à tous les journaux.

Nous allons garder notre exemple de saisie de la facture de téléphone ORANGE avec un montant de 50 € HT.

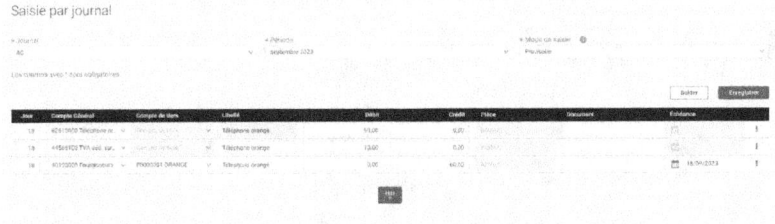

- Cliquez sur le bouton **"Enregistrer"**

L'écriture est bien pris en compte dans le journal d'achat

Saisie par journal

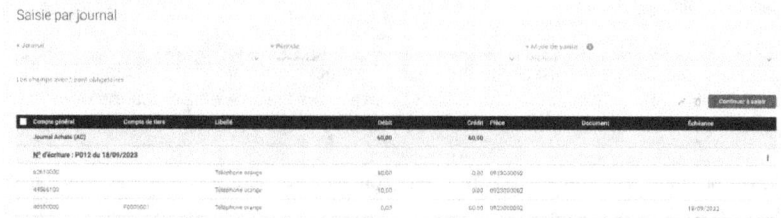

Import des écritures

Vous pouvez également importer vos écritures (si vous n'avez pas EBP HUBBIX Gestion commerciale).

Un assistant d'import vous est proposé, il faut faire correspondre les colonnes d'EBP HUBBIX Comptabilité avec les colonnes de votre fichier txt ou csv.

Etape 1 : Choix du fichier

- Cliquez sur suivant

Etape 2 : Association des colonnes

Pour chaque colonne, cliquez dans le menu déroulant et associez la colonne correspondante.

Une fois terminé, cliquez sur suivant.

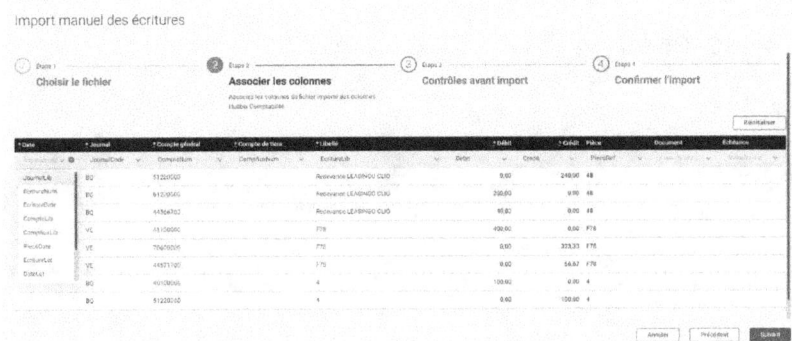

Etape 3 contrôle avant import

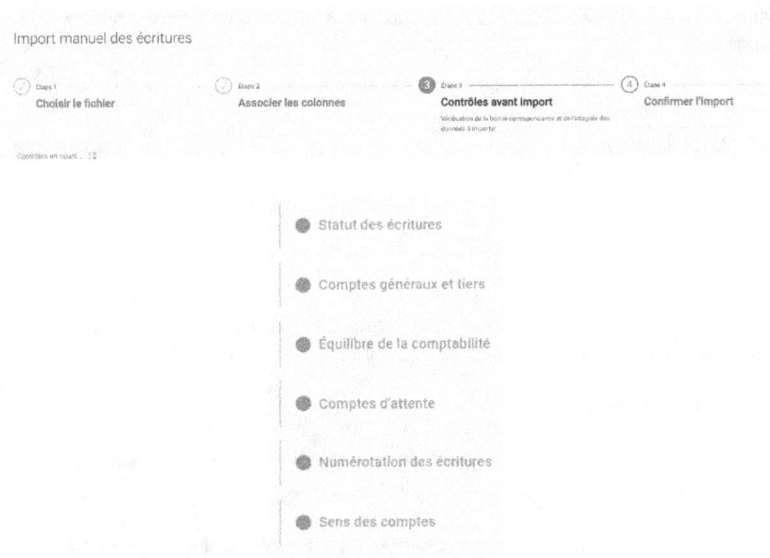

- Tous les contrôles sont validés

- Cliquez sur suivant

Trésorerie

- Cliquez sur le bouton **"Mettre à jour les opérations"** pour que votre compte bancaire soit synchronisé.

Vous pouvez renouveler l'opération dès que vous avez effectué des opérations bancaires.

Consultation

Consultation et lettrage

La fonction consultation et lettrage vous permet de consulter tous les comptes souhaités mais également de " Lettrer les comptes de la classe 4"

Que signifie le lettrage ?

Le lettrage est un traitement comptable. Il est conseillé de le faire tous les mois. Le lettrage consiste à pointer un compte fournisseur, client, salarié avec un règlement.

Nous allons lettrer la facture orange de 60 € avec le règlement effectué en banque.

Nous avons ici le détail des écritures pour le fournisseur ORANGE. Nous pouvons constater qu'il y a une facture de 60 € avec un règlement correspondant.

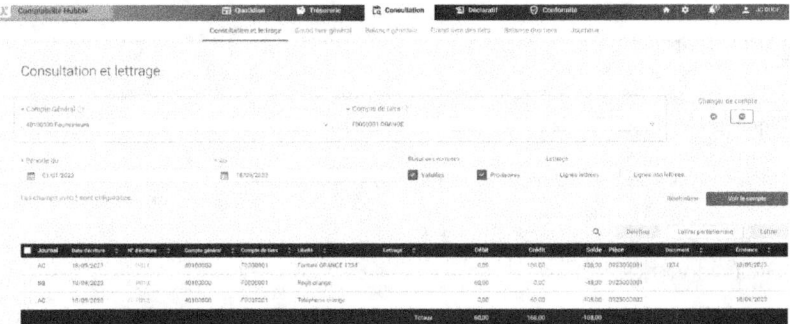

Pour lettrer les opérations, nous allons sélectionner les deux opérations, comme ci-dessous.

Dès que les deux opérations sont sélectionnées, le bouton "Lettrer" est disponible.

- Cliquez sur "Lettrer"

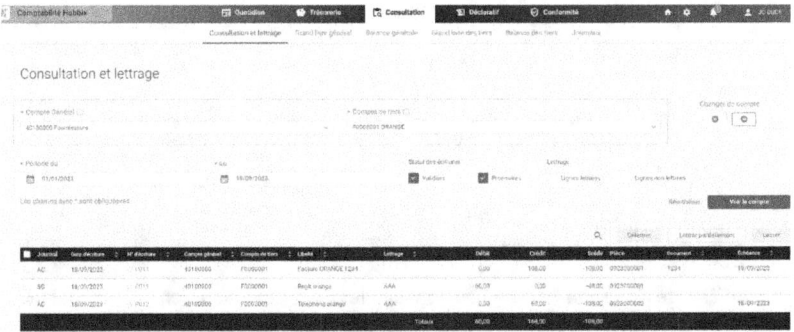

Vous pouvez constater un code de lettrage "AAA" dans la colonne lettrage

Delettrage

Vous pouvez delettrer des opérations "lettrer"

Lettrage partiel

Si vous avez une facture avec plusieurs règlements dans le cas d'un règlementMulti-echéance", vous pouvez faire du lettrage partiel.

Dans ce cas, vous aurez un code de lettrage en minuscule.

Grand livre général

Vous pouvez consulter toutes les opérations par compte avec l'option grand livre général.

- Cliquez sur le bouton " **Voir le grand livre"**

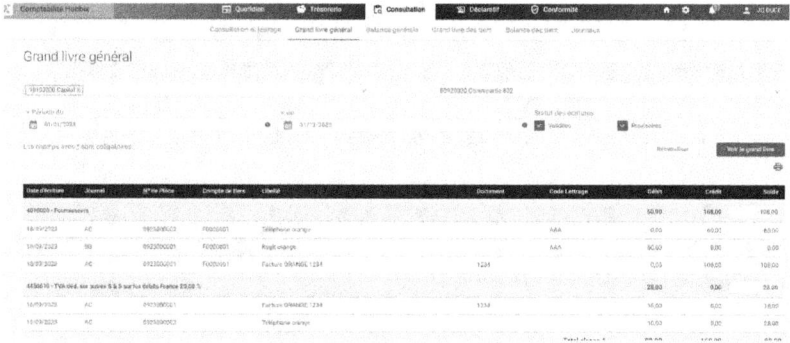

Balance générale

A la différence du grand livre ou l'on consulte le détail de chaque compte, la balance permet de consulter uniquement le solde de chaque compte.

- Cliquez sur le bouton " **Voir la balance"**

Balance générale

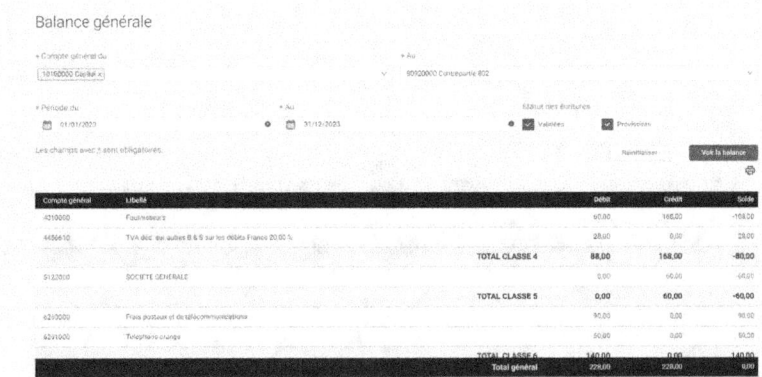

Grand livre des tiers

Comme le grand livre, vous pouvez consulter le détail des comptes, mais uniquement de la classe 4. En comptabilité, on parle de **"Tiers"**

Balance des tiers

Comme pour la balance générale, vous pouvez consulter uniquement les soldes des comptes de la classe 4.

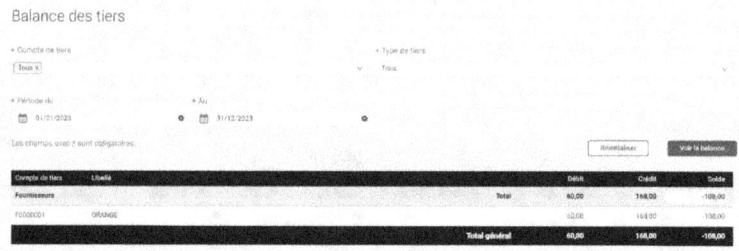

Les journaux

Vous pouvez consulter le détail des écritures par journal

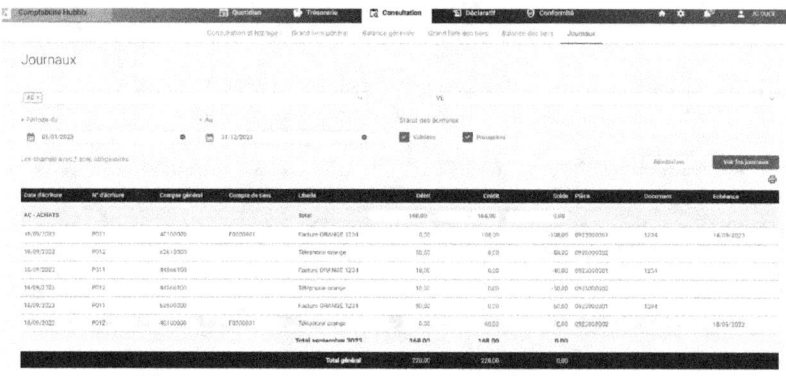

Déclaratif

Information de TVA

Vous pouvez préparer votre déclaration de TVA. Il suffit ensuite de saisir les informations affichées sur votre portail ou vous déclarer votre déclaration de TVA.

- Cliquez sur le bouton "Information de TVA"

Il suffit de report le total des comptes :

→ 44560
→ 44571

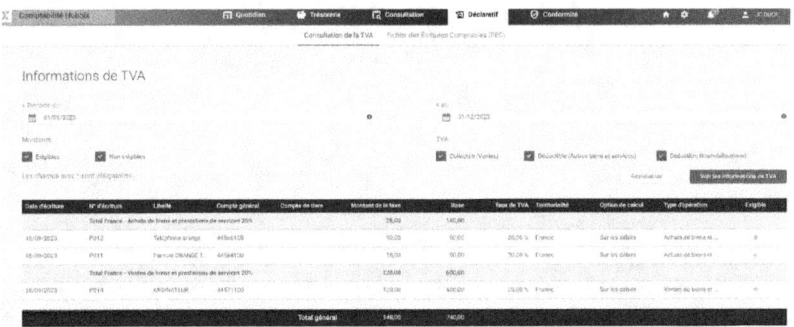

Fichier des écritures comptables (FEC)

L'export des écritures FEC est une obligation fiscale en fin d'année, si vous avez un contrôle fiscale.

Vous pouvez faire cet export à tout moment afin de vérifier si vos écritures sont conformes. (en mode provisoire)

Il suffit ensuite de faire contrôler ce fichier par un utilitaire qui est gratuit sur le site des impôts.

- Cliquez sur l'option **"Tester mon FEC"**

Si vos écritures sont conformes, vous pourrez éditer une attestation de conformité qu'il faut conserver et le présenter à l'administration fiscale s'il vous le demande.

Conformité

Validation des écritures

La validation des écritures est une opération irréversible. Vous ne pourrez plus modifier les écritures.

C'est une opération indispensable pour la clôture de l'exercice

- Cliquez sur le bouton **" Valider les écritures"**

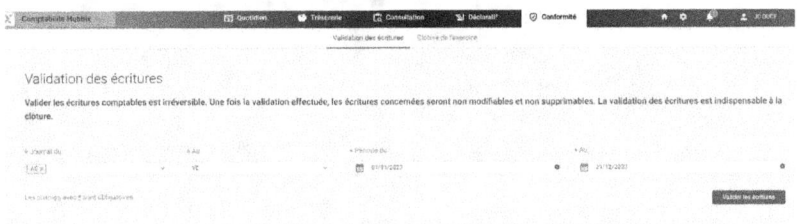

Vous recevez une notification lorsque les écritures sont validées.

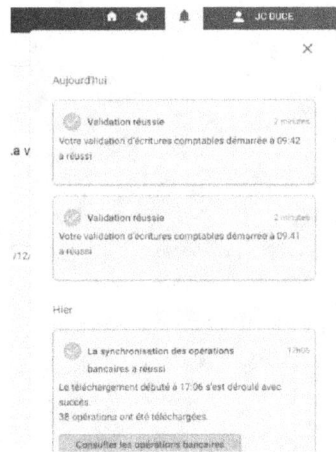

Nous allons pouvoir clôturer l'exercice.

Clôture de l'exercice

Etape 1 : Rappel des effets de la clôture

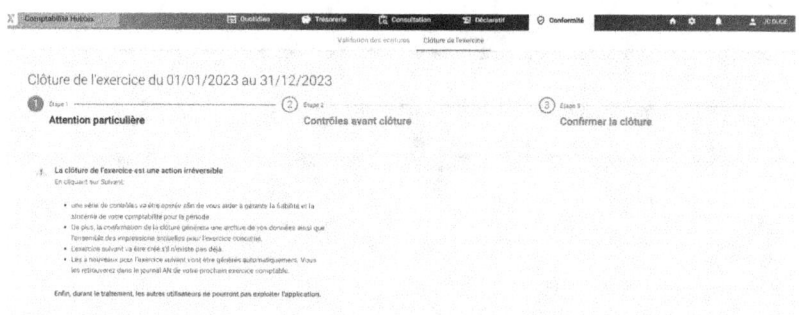

Etape 2 : Contrôle avant clôture

Etape 3 : Clôture de l'exercice

En cliquant sur Lancer la clôture :

- Les A-Nouveaux seront générés automatiquement dans le journal AN de l'exercice N+1
- L'exercice N+2 va être créé
- Une archive contenant une copie de toutes vos données sera générée
- Les impressions annuelles pour l'exercice N vont être générées.

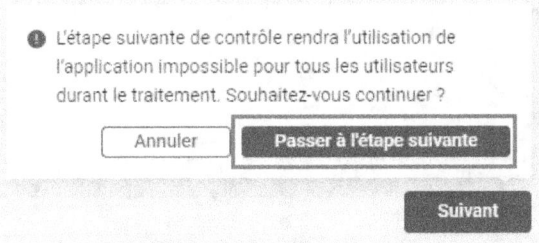

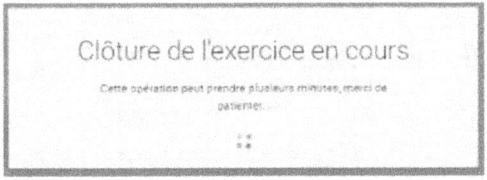

Depuis l'icône 🔔 retrouvez le rapport de clôture de l'exercice :

L'opération de **Clôture de l'exercice** peut prendre plusieurs minutes :

41

Vous pouvez depuis la liste des exercices clos, télécharger l'archive de vos données ainsi que les impressions annuelles de chacun des exercices clos :

Pour télécharger l'archive des données d'un exercice clos, cliquez sur l'icone ⋮ et sélectionnez **Télécharger l'archive des données.**

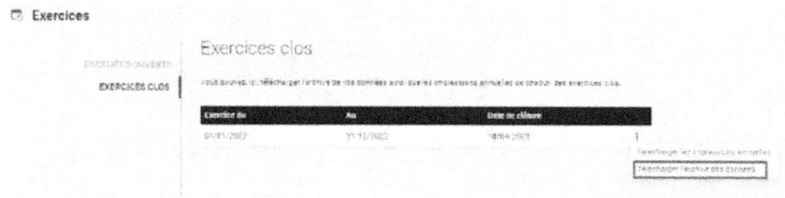

Les impressions annuelles

Suite à la clôture de l'exercice sont générés les impressions annuelles et l'archive de l'exercice clôturé.

Les impressions annuelles

Suite à la clôture de l'exercice, les impressions annuelles ont été générées.

- Balance générale,
- Grand livre général,
- Journal centralisateur,

- Journaux.

Pour accéder aux impressions annuelles, passez par le menu ![Paramètres icon] **Paramètres**. Depuis la tuile **Exercices** sélectionnez **Exercices clos** :

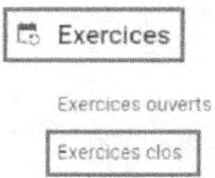

Cliquez sur l'icône ⋮ , et sélectionnez **Télécharger les impressions annuelles :**

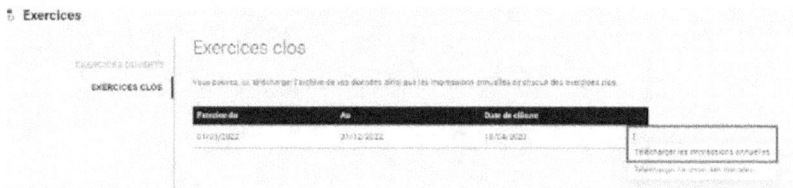

Le nom du fichier téléchargé correspond à : **Archive_HubbixComptaTPE_NOM de votre domaine_Jour_Mois_Année.zip**